Theodor Nietner

Gärtnerisches Skizzen-Buch

Heft 3

Theodor Nietner

Gärtnerisches Skizzen-Buch
Heft 3

ISBN/EAN: 9783743694439

Hergestellt in Europa, USA, Kanada, Australien, Japan

Cover: Foto ©Thomas Meinert / pixelio.de

Weitere Bücher finden Sie auf **www.hansebooks.com**

PROSPECT.

Der Zweck des „Gärtnerischen Skizzenbuchs" ist, Gärtnern und Gartenfreunden artistisches Material zu bieten für alle Arten von gärtnerischen Anlagen, seien dieselben parkartig und im grossen Styl gedacht oder für kleine Verhältnisse auf dem Lande oder an der städtischen Villa bestimmt.

Das „Skizzenbuch" wird sowohl zahlreiche Pläne bereits ausgeführter oder projectirter Gärten und deren einzelner Theile, Teppichbeete etc. bringen, wie auch Entwürfe zu Villen, Einfassungsmauern, Gittern, Thoren, Pavillons, Lauben, Vogelhäusern, Brücken, Fontainen etc. etc. — Es wird dabei sowohl der Styl ins Auge gefasst werden, wie er sich für öffentliche Anlagen und reiche Mittel eignet, als auch die Ausführungsart, welche von Privatleuten mit häufig beschränkten Mitteln und auf kleinen Raum, gewählt werden kann.

Ein kurzer, aber für die Erläuterung der Pläne, Bauten etc. ausreichender Text wird jedem Heft beigegeben sein. Das „Gärtnerische Skizzenbuch" erscheint in zwanglosen Heften und verpflichtet sich Niemand zur Abnahme aller Hefte. Die Tafeln haben ein Format von 39 cm. Höhe und 29 cm. Breite.

Preis a Heft (10 Tafeln nebst Text) cartonnirt 8 Mark.
Einzelne Tafeln apart (ohne Text) Preis à 1 Mark.

Inhalt von Heft I: I. Rosengarten beim neuen Palais zu Potsdam. II. Kleinere Gartenanlage zu Wilmersdorf bei Berlin. III. Sitzplatz. Laube. Pavillon. IV. Garten auf dem Gute Bornstedt bei Potsdam. V. Der Marly-Garten bei Sanssouci. VI. Vogelhaus. - Pumpengehäuse. VII. Forstetablissement mit Gartenanlage. VIII. Orangerieberg mit Terrassen bei Sanssouci. IX. Gewächshausanlage. — Wintergarten. X. Teppichbeete. — Erläuternder Text Seite 1—4.

Inhalt von Heft II: XI. Der Sicilianische Garten in Sanssouci. XII. Teppichbeete, Blumengärten, Wintergärten etc. XIII. Gartenthore. XIV. Der Spaliergarten der Kgl. Gärtner-Lehranstalt zu Potsdam. XV. Drei Villen mit kleinen Garten-Anlagen. XVI. Brücke für Fussgänger. — Kegelbahn. XVII. Plan des Schlossgartens zu Charlottenburg im Jahre 1870. XVIII. Plan des Schlossgartens zu Charlottenburg im Jahre 1770. XIX. Italienische Villa mit Umgebung. XX. Muster für Teppichbeete und ähnliche Blumen-Arrangements. — Erläuternder Text Seite 5—10.

Inhalt von Heft III: XXI. Portierhäuschen. XXII. Obst-Instructions-Mauer. XXIII. Belvedere und Brunnen. XXIV. Muster für Teppichbeete. XXV. Theil eines Parks im modernen Styl. XXVI. Laubendurchgang und Gartensitz. XXVII. Garten der Villa Liegnitz. XXVIII. Wintergarten der Villa Liegnitz. XXIX. Spalier-Arbeiten. XXX. Sommer-Villa. — Erläuternder Text Seite 11—14.

TAFEL XXI.
Portier-Häuschen.

TAFEL XXII.

Instructionsmauern für Pfirsich-, Aprikosen- und Weinzucht.

Der Raum ist im Osten, Norden und Westen mit einer zehn Fuss hohen Mauer umgeben und wird durch zwei von Süden nach Norden gehende Mauern in drei gleich grosse Quartiere getheilt. Die Hauptbestimmung dieser Mauern besteht zunächst darin, die Pfirsiche, Aprikosen und den Wein aufzunehmen, um den Eleven der Königl. Gärtner-Lehranstalt Gelegenheit zu bieten, die verschiedenen Formen und Methoden des Schnittes kennen zu lernen. Dann sind auch noch Birnsorten in Palmetten angepflanzt, die zu ihrer vollkommenen Ausbildung vermehrte Wärme und Schutz verlangen. Die Wände der Abtheilungen sind verschieden gefärbt, weiss, grau und schwarz, um zu beobachten, welche Einwirkung dieselben auf die frühere oder spätere Entwickelung der davor gepflanzten Pfirsiche, Aprikosen und Weinsorten und der in den Zwischenräumen cultivirten Birnensorten auf die vollkommene Ausbildung und Reife des Holzes und auf den Ansatz der Fruchtaugen im August und September ausüben. Dass viele der feineren Tafelbirnen in unserem nördlichen Klima zur Ausbildung ihrer Früchte einer grösseren Menge von Wärme bedürfen, ist ja bekannt und hat sich bis jetzt so viel herausgestellt, dass zwischen den weiss und den schwarz angestrichenen Quartieren täglich eine Maximal-Differenz von ca. 5° besteht.

An der Südseite sind Weinstöcke und zwar zwei Quartiere mit senkrechten und ein Quartier mit wagerechten Cordons bepflanzt; bei letzteren, dem Winkelzuge, sind die Augen und Zapfen nach oben gerichtet und müssen die Form eines T haben. Die senkrechten Cordons haben sich sehr bewährt und können nicht genug empfohlen werden. Man kann durch diesen zweckmässigen, auf die natürliche Entwickelung des Weinstockes begründeten Schnitt nicht allein den vorhandenen Raum vollständig mit kräftigen jungen Fruchtreben bekleiden, sondern auch diesen Zustand dauernd erhalten. Ich halte die Form der senkrechten Cordons für die beste und einfachste; man erzielt nicht nur reiche Ernten, sondern auch grosse, gut ausgebildete Trauben und ist im Stande, auf einem gegebenen Raume die meisten Trauben zu erzielen. Will man eine ganze Wand nach dieser Methode beziehen, so pflanzt man die Stöcke einen Meter entfernt und schneidet zur Bildung des Stammes die Rebe auf drei Augen, wovon das obere den Stamm verlängert, die beiden unteren die erste Etage mit Fruchtreben bilden; so fährt man jedes Jahr fort, nach jeder Seite eine Fruchtrebe zu ziehen, bis man die Höhe der Mauer erreicht hat. Die aus den seitlichen Augen hervorkommenden Reben werden zwei bis drei Blätter über der letzten Traube entspitzt, damit die unteren Augen sich besser ausbilden können. Im Herbst werden sämmtliche Seitentriebe auf zwei Augen zurückgeschnitten.

Die 3 Quartiere K sind mit je 14 Birnspalieren besetzt, die mit 126 Palmetten in eben so vielen Sorten bepflanzt sind. Die Wand D (Ostseite) enthält 13 Pfirsiche in der doppelten U-Form, E 6 Aprikosen in Candelaber-Palmettenform, F 4 Pfirsiche nach Lepère und Dallaret gezogen, G 9 Aprikosen, H 17 Pfirsiche, Cordon oblique, I 6 Aprikosen-Palmetten, A und C 28 senkrechte Weinstöcke, B 22 wagerechte Weinstöcke.

A. Auswahl von 10 der besten Aprikosen.
1. Aprikose von Nancy, **! August.
2. Aprikose von Breda, **! August.
3. Grosse Zuckeraprikose, **! August.
4. Aprikose von Tours, **! August.
5. Luizet's Aprikose, **! September.
6. Wahre grosse Frühaprikose, **! Ende Juli.
7. Ambrosia-Aprikose, ** August.
8. Ruhm von Pourtales, **! Juli.
9. Andenken an Robertsau, **! August.
10. Moorpark, ** September.

B. Auswahl von 20 der besten Pfirsiche und Nectarinen.
1. Prachtvolle Aprikosenpfirsich, ** September.
2. Bollweiler Liebling, ** August.
3. Bourdine, ** September.
4. Brugnon von Feligny, ** Ende September.
5. Galand-Pfirsich, ** September.
6. Frühe Beatrix, ** Mitte Juli.
7. Königin der Obstgarten, ** September.
8. Leopold I. ** Ende September.
9. Georg IV. ** September.
10. Rothe Magdalenen-Pfirsich, ** September.
11. Weisse Magdalenen-Pfirsich, ** August.
12. Malta-Pfirsich, ** September.
13. Frühe Mignon, ** August.
14. Grosse Mignon-Pfirsich, ** September.
15. Jühlke's Liebling, ** August.
16. Nectarine Elruge, ** September.
17. Prinzessin von Wales, ** September.
18. Schöne von Vitry, ** September.
19. Madame Gaujard, ** September.
20. Willermoz, ** September.

C. Auswahl von 20 Weinsorten, welche sich zur Bepflanzung der Mauern eignen.
1. Muscateller von Saumur, August.
2. Madelaine Angevine, August.
3. Diamant, September.
4. Pariser Gutedel, September.
5. Rother früher Malvasier, September.
6. Amber Cluster, weiss, September.
7. Buckland Sweet Water, bernsteinfarbig, October.
8. Chaptal, bernsteinfarbig, October.
9. Duchess of Buccleugh, gelblich weiss, October.
10. Forster's white Seedling, September.
11. Golden Champion, October.
12. Muscateller von Alexandria, blassgelb, October.
13. Chasselas Mamelon, October.
14. Black Prince, blau, October.
15. Black Hamburgh, schwarz, October.
16. Royal Ascot, October.
17. Trentham black, October.
18. Black Barbarossa, October.
19. Lady Downes Seedling, blau, sehr spät.
20. Muscat Hamburgh, blau, October.

Berechnung der Kosten der Instructionsmauer.

1.	Tagelohn für die Maurer	Mark	960. —
2.	8000 Mauersteine	„	3978. —
3.	4000 Rathenowersteine zum Ablecken	„	240. —
4.	78 Tonnen Kalk	„	1170. —
5.	10 Tonnen Cement	„	120. —
6.	15 Schachtruthen Mauersand	„	90. —
7.	Anfuhr der Materialien	„	348. —
8.	160 Haken zum Befestigen der Latten	„	28. —
9.	150 Queerlatten	„	90. —
10.	610 Latten	„	150. —

Latus Mark 7174. —

	Transport	Mark	7174. —
11.	96 Stiele zu den Palmetten	„	96. —
12.	6300 lauf. Fuss Fledermauslatten	„	189. —
13.	Arbeitslohn für das Hobeln und Anzageln	„	219. —
14.	Anstrich mit Oelfarbe	„	354. —
15.	Rijolen	„	30. —
16.	Für Lehm, Dünger und Laubererde	„	300. —
17.	50 Weinstöcke	„	50. —
18.	34 Pfirsich	„	34. —
19.	21 Aprikosen	„	21. —
20.	191 Ihnen und Aepfel, 1jährige Veredelungen	„	114. —

Summa Mark 8581. —

TAFEL XXIII.

Belvedere.

1. Ein Gutsbesitzer wünscht auf der Anhöhe in Mitten seines Parkes ein Belvedere zu erbauen. In einem der vier Ecken des Erdgeschosses soll leicht eine Theeküche einzurichten sein, und soll die untere Halle als Jägerrendezvous ausgestattet werden. Der erste Stock soll den eigentlichen Gesellschaftssaal enthalten, während der zweite als Saal für Spiel und Tanz der Jugend einzurichten ist.

Das oberste Stockwerk mit offenen Balkonen gestattet einen Blick über die Bäume des Parkes in die weitere Umgegend, ohne dass der Beschauer ins Freie zu treten braucht. Die Plattform endlich gewährt die weiteste Rundschau.

2. Eine Bekleidung aus gusseisernen Platten für einen Strassenbrunnen.

TAFEL XXIV.

Teppichbeete, Blumengärten etc.

Fig. 1. Rosenparterre.

Die Sternspitzenbeete wurzelächte dunkele Remontantrosen; die Kreis-Ausschnitte wurzelächte Souvenir de la Malmaison.

Das Bassin ist mit einem Streifen Monatsrosen eingefasst, die Rabatten am Rande sind mit la belle Marseillaise bepflanzt, in deren Mitte sich eine Reihe hochstämmiger Rosen befindet. In den 6 Kreisen sind 6 Maréchal Niel von dunkelen Varietäten der Monatsrose umgeben.

Fig. 2. Teppichbeet (englisches Muster).

Der Fond der drei Mittelfelder Iresine Lindeni; der Fond der beiden oberen und unteren Felder Pyrethrum Golden Feather; die verschobenen Quadrate, welche sich ober- und unterhalb jedes Sternes befinden, sind wie die Mittelkreise Alternanthera amabilis. Die drei Schluss-Dreiecke an jeder Seite, so wie die mit kleinen Kreisen versehenen Vierecke und Dreiecke sind mit Lobelia pumila grandiflora, die Kreise selbst in den beiden Vierecken mit Agave americana variegata (kleine Exemplare), die Kreise in den 4 Dreiecken mit Echeveria metallica besetzt.

Von den 3 Bändern, welche das Beet nach aussen abschliessen, ist das innere von Mesembrianthemum cordifolium variegatum, das mittlere, schwach schraffirte von Alternanthera amabilis, das äussere von Echeveria pumila gefüllt.

Fig. 3. Teppichbeet (englisches Muster).

Die drei grossen Kreise in der Mitte der Sterne sind Alternanthera amabilis, die Sterne selbst Pyrethrum Golden Feather; die Quadrate, welche sich ober- und unterhalb jedes Sternes befinden, sind wie die Mittelkreise Alternanthera amabilis, das äussere Sempervivum californicum ist.

Fig. 4. Teppichbeet.

Mittelkreis Coleus Verschaffelti; der konzentrische Streifen Pyrethrum parthenifolium aureum; die 6 Sternspitzenbeete Coleus Verschaffelti; die dazwischen liegenden dreieckigen Beete, Fond: dunkele Lobelien, Einfassung: Pyrethrum.

Fig. 5. Teppichbeet.

Der Mittelkreis Coleus Verschaffelti, die 6 Sternspitzenbeete Achyranthes Verschaffelti von Gnaphalium lanatum eingefasst. Von den 4 zwischen je

zwei Sternspitzenbeeten liegenden dreieckigen Beeten ist das mittlere Artemisia Stelleriana, das innere Alternanthera amabilis, die beiden äusseren Alternanthera paronychioides.

Fig. 6. Teppichbeet (cisernes Kreuz).

Das Kreuz besteht aus Perilla nankinensis oder ganz dunkelen Coleus-Varietäten, (C. scutellaroides nigri); die Einfassung Gnaphalium lanatum, die 4 keilförmigen Beete Alternanthera paronychioides; die 4 Randbeete Alternanthera amabilis.

Fig. 7. Teppichbeet.

Mittelkreis und Kreuz Coleus Verschaffelti; die 4 Kreise Lobelien; die dreieckigen Stücke darüber Pyrethrum; die 4 konzentrischen Randstreifen Mesembrianthemum cordifolium variegatum.

Fig. 8. Borte.

Der weitläufig schraffirte Mittelstreifen Pyrethrum; die schraffirte Begrenzung desselben Santolina tomentosa; der Fond zu beiden Seiten Santolina tomentosa; die Randstreifen Alternanthera amabilis.

Fig. 9. Borte.

Mittel-Vierecke Lobelien mit einer Einfassung von Alternanthera paronychioides; der Fond Gnaphalium lanatum fol. var.; die beiden Streifen auf jeder Seite Alternanthera amabilis; der zwischen beiden befindliche schwach schraffirte Streifen Pyrethrum; der Randstreifen Rasen.

Fig. 10. Borte.

Die nicht schraffirten geschweiften S-Bogen Santolina tomentosa; der Fond dunkele Lobelien; die Pfeilspitzen Alternanthera paronychioides; der äussere Streifen Alternanthera amabilis.

Fig. 11. Teppichbeet (türkisches Wappen).

Die Konturen des Sternes sind von Lobelien gebildet, die 6 Spitzen von Pyrethrum, die Sechsecke in der Mitte von Coleus Verschaffelti. Der Mittelkreis ist mit Centaurea candidissima oder einer kleinen buntblättrigen Agave besetzen.

Im Halbmonde sind die oberen 6 Zacken Pyrethrum, die unteren 5 Zacken Gnaphalium, die trennende Zickzacklinie Iresine Lindeni, die obere und untere Begrenzung Lobelien.

Halbmond so wie Stern sind von einem Kiesweg eingeschlossen.

Dieses Teppichbeet-Muster ist keineswegs Phantasie, sondern nach einem wirklich ausgeführten Muster gezeichnet. In der angegebenen Weise bepflanzt ist dasselbe ebenso effektvoll, wie originell.

TAFEL XXV.

Theil eines Parks in modernem Styl.

Wir erhielten diesen Gartenplan als den einer mustergiltigen Anlage ohne alle Bemerkungen vor einer Reihe von Jahren von dem leider so früh verstorbenen, Thiergarten-Inspector Küber zu Berlin, wissen also nicht, ob er

eine wirklich ausgeführte Anlage darstellt oder nur Projekt geblieben; sollte ersteres der Fall sein, so bitten wir den Besitzer oder, in sonst jemand bei diesem Plane betheiligt, auch diesen um nachträgliche Sanction zur Veröffentlichung und würden in jedem dieser Fälle für weiteren Aufschluss etc.

dankbar sein. Für den Laien wagen wir also eine kurze Erklärung auf gut Glück, jeder Sachverständige wird sich selbst aus dem Plane sein besonderes Bild zurecht stellen können.

Vom Schlosse a, welches auf einer gegen SO. ziemlich steil abfallenden Anhöhe liegt, gelangt man auf eine geräumige, durch einen weiten Vorsprung noch verbreiterte Terrasse b, über deren Ballustrade hinweg man eine prächtige Aussicht auf den tiefergelegenen Park hat, der von einem glitzernden Bach mit vielfachen Ausbuchtungen oft durchschnitten und in grössere und kleinere Inseln getheilt wird. Ein breiter Fahrweg c führt seitlich vom Schlosse, von der hier weniger steilen Anhöhe hinab in den Park, den er nach allen Richtungen hin durchkreuzt. d ist ein Fussweg, der direct von der Terrasse mittelst einiger Stufen den steilern Abhang hinunter führt; denselben in gerader Richtung verfolgend gelangt man über eine Brücke e, die auch der Fahrweg passirte, in den ganz versteckt und mitten in Parkanlagen isolirt gelegenen Blumengarten f. Derselbe, umgeben von einer 2 Meter hohen immergrünen Hecke, aus Thuja, Juniperus oder Taxus gebildet, geniesst weitern Schutz durch entsprechend hohe Baumpflanzungen, die nur hier und da an geeigneter Stelle einen Einblick gestatten, wo dann auch natürlich die hier bis etwa 60 Ctm. herunter gehaltene Hecke dem Auge durch Vorpflanzungen gedeckt wird. Aus nicht allzugrosser Ferne hat man von der Terrasse b aus einen vollen und prächtigen Ueberblick auf diesen, in seinen Abwechslungen reichen und wahrhaft feenhaften Blumengarten.

Bei g steht sowohl im Blumengarten, wie ihm gegenüber auf einer kleinen Insel ein Pavillon, der Schutz gegen Sonne und Regen gewährt; die Verbindung zwischen beiden, sowie auf der andern Seite wieder mit dem Schlosse wird mittelst einer kleinen Fähre bewerkstelligt. h ist eine Bucht für einige Gondeln.

i sind zwei von Weissbuchenhecken eingeschlossene lauschige Plätze, die Ruhesitze, Statuen, Hermen u. dgl. bergen. k sind ähnliche hochgelegene Plätze, die so angelegt und bepflanzt sind, dass sie plötzlich durch eine imposante Fernsicht, auch Uebersicht des Blumengartens, sowie Ansicht des Schlosses überraschen. Kurz — die ganze Anlage mit ihren leicht geschwungenen Wegen, den sanften Uebergängen zwischen Thal und Hügel, den gefälligen und natürlichen Ausbuchtungen des Wasserbeckens, den vielen Abwechslungen an lieblichen Bildern, versteckten Plätzen, Blumen- und Gehölz-Gruppen — Alles dies, im Verein mit zweckmässiger Vertheilung von Schatten und Licht im Gehölz und Rasenpartieen, gestaltet sich zu einem so harmonischen Ganzen, dass sie wirklich als mustergiltig erscheinen kann.

TAFEL XXVI.

1. **Laubendurchgang mit Fontaine.**

Derselbe ist an einer solchen Stelle des Gartens anzulegen, wo 3 Wege sich kreuzen. Das Skelett ist aus jungen, unentbehrten Stämmen, am besten Akazien, zusammengesetzt (Fig. 1. e.). In der Mitte ist eine Fontaine gedacht und an den Stellen an Ruhesitze. Sehr gut nimmt sich eine ähnliche Anlage im Rosengarten zu Charlottenhof bei Potsdam aus, die mit reich blühenden Rankrosen bewachsen ist.

2. **Offener Gartensitz an eine Mauer angebaut.**

Derselbe ist auf einen Unterbau von hochkantig gestellten Ziegeln mit Cement- resp. Asphaltabguss gesetzt. Die oberen Füllungen sind ausgeschnitten, während die der Brustung des Zuges wegen nicht durchbrochen gelacht, sondern mit Brettern hinternagelt und mit dunklem Holz ausgelegt resp. mit dunkelbraunen Farbe angestrichen sind.

TAFEL XXVII.

Garten der Villa Liegnitz bei Sanssouci.

Die Villa Liegnitz bei Sanssouci, zur Zeit Residenz Ihrer Königlichen Hoheiten des Erbprinzen und der Frau Erbprinzessin von Sachsen-Meiningen, geb. Prinzessin Charlotte von Preussen, war vom Kgl. Hofbaurath Schadow auf den Resten der Wohnung des Geheim-Kämmerers Timm nach dem Tode Sr. Maj. Friedrich Wilhelm III. als Wittwensitz der erlauchten Gemahlin des hochseligen Königs zeitgemäss erbaut und von Lenné mit einer sehr niedlichen, dem kleinen Terrain vollkommen entsprechenden Gartenanlage umgeben worden. Nach dem Tode der hohen Frau blieb Haus und Garten Jahre lang unbenutzt, bis dasselbe 1877 für seinen jetzigen Zweck erkoren wurde. Villa wie Garten sind diesem entsprechend unter specieller Aufsicht Ihrer Kaiserl. und Königl. Hoheit der Frau Kronprinzessin umgestaltet, die Baulichkeiten vom Hof-Baurath Persius und Hof-Bauinspektor Haberlin, die Gartenanlagen vom Hofgärtner E. Nietner nach den vom Hofgärtner E. Sello gezeichneten Plänen, die wiederum nach den genauen Angaben der Frau Kronprinzessin ausgeführt waren.

Unsere Tafel zeigt uns in
a den Grundriss der Villa selbst,
b die Einfahrt,
c einen Laubengang mit Stibadium und kleinem Bassin,
d Cavalierwohnungen, Küche und andere Wirthschaftsräume,
e einen verdeckten Verbindungsgang.

f einen mit den Wohnräumen in Verbindung stehenden Wintergarten, von dem herab zwei Terrassen und Freitreppen in das kleine Parterre führen; die Vinca minor gebildet und mit Blumengruppen und Solitärpflanzen geschmückt,
g ist ein f gegenüber gelegener offener, in der Front von 2 Säulen getragener Pavillon, zu dem einige Stufen hinauf führen; vor demselben, inmitten eines langgestreckten Rasenparterres, sind 5 kleine Bassins angebracht, während dies Parterre selbst nach 3 Seiten hin von einem breiten Mosaikbeet umgeben ist, aus niedrigen Pflanzen und einem Gitterwerk von gelben und rothen Steinchen gebildet,
h ist ein grosses Vogelhaus,
i ein offener Sitzplatz,
k zwei grössere Bassins mit Fontaine, in der Mitte quadratförmiger Rasenstücke, deren jedes durch einen Kreuzweg wieder in 4 gleiche Stücke zerlegt wird, von denen jedes eine mit Blumen oder Blattpflanzen besetzte Mittelgruppe hat; der 1,20 Mtr. breiten Rasenkante folgt eine breite Epheueinfassung,
l ein langgestreckter elliptischer Spielplatz — lawn-tennis —, umgeben von Rasen und mit schattigen Bäumen, Strauch- und Blumengruppen besetzt. Für den Zuschauer der Spiele bieten 3 Lauben am südlichen, sowie eine mit üppigen Schlingpflanzen bedeckte Pergola am nördlichen Ende des Platzes schattige Ruhesitze,
m kleine Obstgärten mit Zwergobstbäumen in allen Formen, sowie Beetenobst aller Gattungen besetzt,
n sind Schirmzimmern, kleinere Schuppen und Stallungen,
o ein geräumiger Hof mit den Pferdeställen und Wagenremisen,
p Cavalier- und Dienerwohnungen, an Zimmerplatz gelegen.

Da fast alle Wege dieses niedlichen Gärtchens von hochstämmigen, niedrigen und Kletterrosen in den beiden Seiten begleitet werden, so fände auch die Bezeichnung „Rosengarten" ihre volle Berechtigung.

Gegen O. ist der Garten von der Kgl. Ananastreiberei, in S. vom Zimmerplatz begrenzt; in W. ist derselbe durch dichte Pflanzungen von einem Nachbargarten getrennt, der zu der Dienstwohnung Königlicher Beamten gehört. Die Hauptfront der Villa und des Gartens liegen gegen Norden vis-à-vis dem Marlygarten und sind gegen die Haupt-Eingangsallee nach Sanssouci durch ein eisernes Gitter abgeschlossen.

TAFEL XXVIII.

Wintergarten der Villa Liegnitz.

Desselben geschah bereits Erwähnung bei Tafel XXVII. unter f. und da sich alles Weitere aus Fig. 1—4 unseres Blattes selbst ergiebt, so sei nur erwähnt, dass sich diese zierliche, aus Eisen und Glas construirte Baulichkeit an die Wohnzimmer der Frau Prinzess anlehnt, eine niedliche Fontaine, Volière und einladende Ruhesitze unter Palmen und anderen geschmackvoll arangirten Blattpflanzen enthält und der ganzen Villa einen würdigen Abschluss und ebenso passenden wie angenehmen Uebergang zum Garten giebt.

Fig. 5 zeigt einen Theil des auf voriger Tafel unter f. erwähnten Verbindungsganges zwischen Villa, Cavalier- und Wirthschaftsraum.

(13)

TAFEL XXIX.

Spalierarbeit aus gerissenem Eichenholz.

Diese Spalierarbeiten, in Süddeutschland schon sehr allgemein verbreitet, finden bei uns im nördlichen Deutschland noch immer nicht die richtige Würdigung, denn es lassen sich mit diesem Material, gerissenem Eichenholz, nicht nur weit sauberere, sondern auch weit dauerhaftere Arbeiten ausführen, als mit irgend welchem anderen. Da eben durch das Spalten, Zerreissen der jungen Eichenstämme in beliebig dünne Latten die Längsfaser des Holzes nicht zerstört wird, so behält dasselbe eine ungleich grossere Elasticität und Widerstandsfähigkeit, als jene mit der Säge geschnittenen Hölzer, denen man alle Augenblicke die Langsgefasse durchschneidet. Ein weiterer Vorzug ist die Leichtigkeit und bequeme Handhabung des Materials selbst, wie auch der daraus angefertigten Gegenstände und Baulichkeiten. Wir sagen Gegenstände und Baulichkeiten und glauben richtige Ausdrücke gewählt zu haben, denn in der That, von dem einfachsten Kreuz zum Aufbinden einer Pflanze, werden aus diesem gerissenen Eichenholz auch die grössesten und complicirtesten Bauwerke für Gärten und ähnliche Zwecke aufgeführt, wie wir sie oft genug auf den grösseren Industrie- und Gartenbau-Ausstellungen zu sehen Gelegenheit hatten. Unsere Abbildungen haben wir der Güte des Herrn Schlissmann, welcher eine der grössten Fabriken für derlei Arbeit in Castel-Mainz besitzt, zu verdanken; wir halten, wie schon angedeutet, diese Fabrikate für den Gartenbau für so wichtig, dass wir in einem der nächsten Hefte durch noch andere Zeichnungen diese Behauptung weiter zu begründen suchen werden.

TAFEL XXX.

Sommerwohnhaus.

Gaertnerisches Skizzenbuch

Pförtnerhäuschen

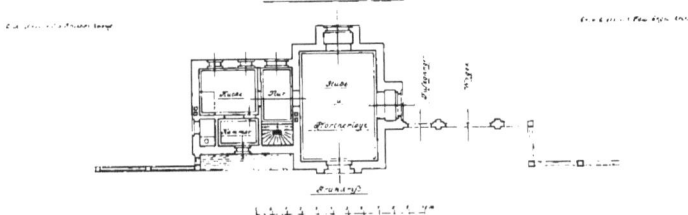

Bücherei des Deutschen Gartenbaues e.V.

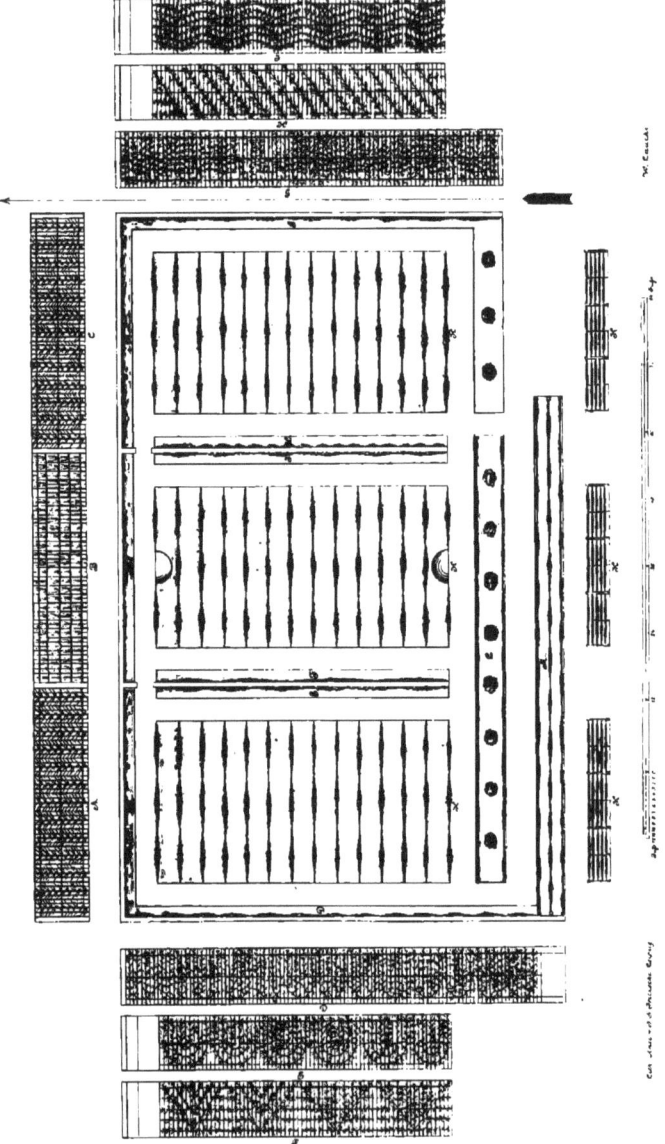

Instructions-Mauern der Konigl. Gärtner-Lehr-Anstalt zu Potsdam

VERLAG von WIEGANDT, HEMPEL & PAREY in BERLIN

Gaertnerisches Skizzenbuch. Tafel XXIII.

Skizze zum Entwurf eines Belvedere.   Entwurf zu einem Strassenbrunnen.

VERLAG von WIEGANDT, HEMPEL & PAREY in BERLIN

Bücherei des Deutschen Gartenbaues e.V.

Gaertnerisches Skizzenbuch   Tafel XXV

Bücherei des Deutschen Gartenbaues e.V.

Gaertnerisches Skizzenbuch. Tafel XVII.

Laubendurchgang mit Fontaine.

VERLAG von WIEGANDT, HEMPEL & PAREY in BERLIN.

Bücherei des Deutschen Gartenbaues e.V.

Gaertnerisches Skizzenbuch.

Garten der Villa Liegnitz bei Sans-souci

VERLAG von WIEGANDT, HEMPEL & PAREY in BERLIN

Bücherei des Deutschen Gartenbaues e.V.

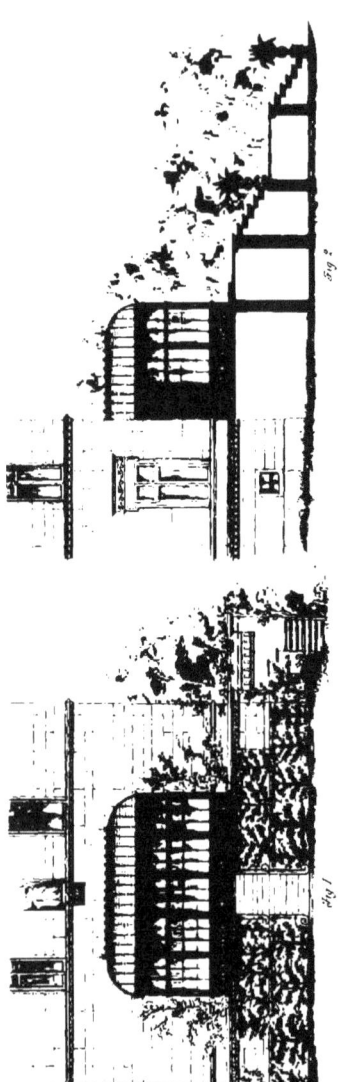

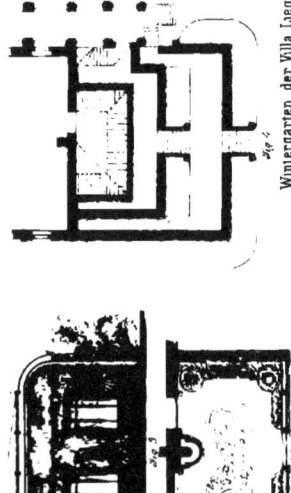

Wintergarten der Villa Liegnitz

VERLAG von WIEGANDT, HEMPEL & PAREY in BERLIN

Bücherei des Deutschen Gartenbaues e.V.

Bücherei des Deutschen Gartenbaues e.V.

Gaertnerisches Skizzenbuch

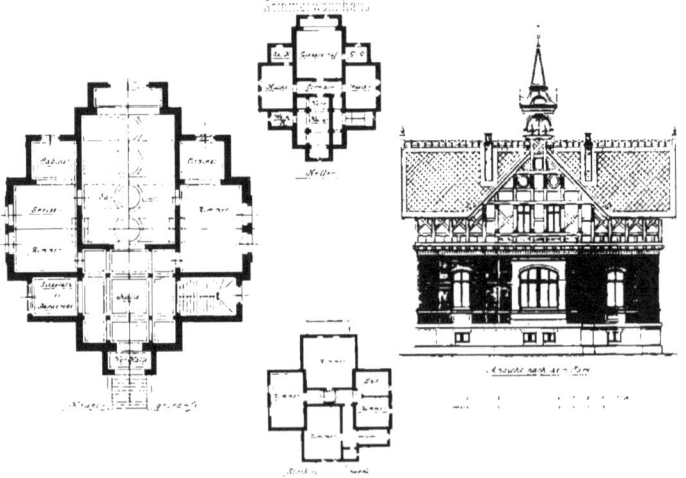

Bücherei des Deutschen Gartenbaues e.V.